In Celebration of:

_____

_____

Name

Message

Name

Message

Name

Message

Name

Message

Name

Message

Name

Message

Name

Message

Name

Message

Name

Message

Name

Message

Name

Message

Name

Message

Name

Message

Name

Message

Name

Message

Name

Message

Name

Message

Name

Message

Name

Message

Name

Message

Name

Message

Name

Message

Name

Message

Name

Message

Name

Message

Name

Message

Name

Message

Name

Message

Name

Message

Name

Message

Name

Message

Name

Message

Name

Message

Name

Message

Name

Message

Name

Message

Name

Message

Name

Message

Name

Message

Name

Message

Name

Message

Name

Message

Name

Message

Name

Message

Name

Message

Name

Message

Name

Message

Name

Message

Name

Message

Name

Message

Name

Message

Name

Message

Name

Message

Name

Message

Name

Message

Name

Message

Name

Message

Name

Message

Name

Message

Name

Message

Name

Message

Name

Message

Name

Message

Name

Message

Name

Message

Name

Message

Name

Message

Name

Message

Name

Message

Name

Message

Name

Message

Name

Message

Name

Message

Name

Message

Name

Message

Name

Message

Name

Message

Name

Message

Name

Message

Name

Message

Name

Message

Name

Message

Name

Message

Name

Message

Name

Message

Name

Message

Name

Message

Name

Message

Name

Message

Name

Message

Name

Message

Name

Message

Name

Message

Name

Message

Name   Message

Name

Message

Name

Message

Name

Message

Name

Message

Name

Message

Made in United States
North Haven, CT
01 April 2022

17771468R00057